AF299424

AUX HOMMES

MONARCHIQUES.

FRAGMENS DE DIVERS ÉCRITS.

Comment à l'aspect des présages, à l'appel des menaces, se pourrait-il que la royauté ne fût pas émue et agitée, inquiète et même troublée ?

Soit qu'au titre de la jouissance personnelle, elle fasse son métier, soit qu'en vertu de la propriété héréditaire, elle fasse son devoir; l'esprit l'invite à juger, le cœur lui commande d'agir.

Mais, s'écrie-t-on, ni la charte, ni la royauté ne sont attaquées, ne sont menacées; les plus vains prétextes servent à couvrir les plus noirs desseins; ce n'est pas la charte qui réclame le secours de la paternité; c'est la royauté qui machine la ruine de son œuvre.

On ne veut donc pas, ou on ne sait pas voir.

Reprenons le cours des faits; en ménageant la mémoire des hommes, autant qu'il se peut sans trahir la vérité des choses.

Les cabinets de 1821 , de 1828 , ont existé, ont influé : de nécessité, ce qui est, dérive de ce qui fut.

Certes, le premier s'est trompé, puisque ayant la faveur du prince et l'appui de la chambre, il est tombé. Il a glissé sur le sol le plus uni ; il a ébranlé le trône dans sa chute.

Le second, enfanté à travers les tourmentes, lancé sur une pente escarpée, ne peut prendre pied, et recule de jour en jour, perdant de sa force à chaque pas, cherchant trop vainement en arrière, quelque point d'appui.

Et les journaux étant libérés, les élections étant livrées , des résultats inévitables s'ensuivent.

L'armée désorganisée , le gouvernement entravé, le ministère bafoué ! la morale pervertie , la religion honnie, la royauté avilie !

Ainsi s'affichent à haute voix, s'apprêtent au grand jour, les projets insensés, les trames scélérates : car en la tête de l'homme , l'erreur, le crime, s'allient en telle manière, qu'il n'y a guère moyen de les saisir , de les apprécier à part.

Or les regrets, les remords peut-être, dont les chefs vont être tourmentés, ne mènent qu'à leur perte, ne mènent point à notre salut.

Une fois l'impulsion fortement imprimée, il n'est point donné aux masses de se retenir, de se diriger : le mouvement sans cesse accéléré, les entraîne, les emporte, jusqu'à ce qu'une répulsion, une réaction équivalente en puissance, à la force progressivement acquise, vienne à l'encontre, et mette arrêt.

Encore est-il possible de nier le péril, car les mots coûtent peu : mais qui donc irait jusqu'à nier la peur ? Qui donc se refuserait à croire qu'à tort ou à raison, les craintes se sont élevées, au bruit retentissant des clameurs.

Qu'on reconnaisse la peur ! elle est vraie, elle est réelle : qu'il y ait ou qu'il n'y ait pas de cause, les effets ne manqueront pas d'être les mêmes.

Toutefois la royauté indulgente sans doute, n'accuse que le ministère, et ne conservant plus celui de 1828, ne rappelant point celui de 1821, elle essaie un cabinet nouveau, elle tente d'un autre système.

Les précédens systèmes furent périlleux ; c'est le passé qui le dit : le système présent sera-t-il plus chanceux ? l'avenir le dira. Un terme est apposé au mal ; la puissance humaine s'arrête là : les voies du bien vont-elles s'ouvrir ? la Providence en décidera.

Voilà cependant que la colère éclate contre les élus de la couronne, dont le seul acte jusqu'à présent est de s'être soumis à la volonté royale, dont le seul délit serait d'être émané de la volonté royale.

Et en incriminant, à l'aide des souvenirs qui pèsent sur eux en une façon bien autrement pénible, en lançant des reproches si faciles à leur rétorquer avec un immense avantage, les gens s'accusent à plaisir, se condamnent sans appel.

On déclame, on déblatère contre les ministres.

Eh ! mais, qui donc les a appelés, au lieu de ceux qui étaient en place, au milieu de ceux qui étaient sur les rangs ? Qui donc les a désignés et marqués à ne pas s'y tromper, si ce n'est par les lettres du nom, du moins par les traits du caractère ?

Ce sont ces hommes mêmes : ce sont ceux-là dont les emportemens ont forcé la main au dernier cabinet, dont l'enivrement a proclamé avant le temps des desseins qui, à leur dire, ne tendaient qu'à épurer la monarchie, qu'à éterniser la dynastie ; des complots qui à notre sens, travaillaient déja et parviendraient enfin à détruire, à abolir la monarchie et la dynastie.

Ils voulaient le bien, le mieux plutôt : mille graces soient rendues à leurs loyales intentions. Seulement le bien à venir

de ce bord, a semblé le mal ; le mieux à faire en cette façon, a paru le pire.

On s'est trompé, disent-ils : on se trompe encore, on se
trompera toujours, disons-nous.

En somme, il n'y avait point de péril : nous l'accordons.
Mais il y avait peur : qu'ils l'accordent aussi.

Partant, si la peur conseille mal, du moins elle conseille :
et c'est avec d'autant plus de force, de constance, qu'elle
est plus ardente, plus intense.

En veut-on la preuve ? Que certaines gens consentent à
rentrer sous terre ; et la royauté ainsi libre, alors calme,
n'aura plus à prendre des ministres de défense, de résistance ; ou en tout cas, ceux qu'elle prendra, n'auront plus
à sauver l'Etat, n'auront qu'à le servir.

La vérité est si simple et si claire, qu'à ces titres, allant
droit au cœur, droit à l'esprit, il suffit de deux mots, qui disent : la voilà.

En politique, quelle est la conscience qui la renie, l'in-
telligence qui la rebute ? Où sont les passions qui se la dis-
simulent.

Qu'on voie plutôt, les agitateurs, les perturbateurs, les
conspirateurs, non pas tant qu'ils combattent, mais alors
qu'ils ont vaincu, se montrer empressés de lui rendre hom-
mage, c'est-à-dire de reconnaître l'absolu besoin de l'autorité ; car, en politique, voilà la vérité.

Les masses ne rêvent que l'égalité ; niaises au dernier
point, en ce que l'égalité ravie su les rangs supérieurs, ne
sera point dispensée aux classes subalternes, et s'amoncè-
lera, se concentrera entre quelques parvenus de la tribune
et de la presse :

Si bien, qu'il y a sans cesse à recommencer le travail, à

reprendre la société sous œuvre, sauf qu'elle ne s'écroule bientôt.

Les chefs n'aspirent qu'à l'autorité : autant et plus insensés dans leurs vues, en ce que l'autorité envahie par des mains usurpatrices, exploitée parmi un peuple désorganisé, démoralisé, porte ces incompatibles conditions, de la violence dans l'intention, et de l'impuissance dans l'exécution :

En ce que, la lutte, le triomphe contre le pouvoir consacré par le droit, consolidé par le temps, ont montré les voies, ont jeté des armes ; si bien que c'est un jeu de mettre à bas, ce pouvoir né des hasards ou des complots, né d'hier.

C'est toujours cette nation, *qui de liberté ne se soucie guère,* qui même à la liberté, n'entend rien, ne conçoit rien.

C'est cette nation, que la royauté seule, pouvait être tentée de doter de la liberté, que la royauté seule devait éduquer à la liberté, sous les auspices de l'autorité.

C'est cette nation, dont la faction suscite et caresse les penchans déréglés, bien décidée à les réprimer au premier jour, dont elle fait usage, ainsi que d'un outil, d'un instrument, toute prête à le briser après le succès.

Car il n'appartient de faire des actes de libéralité, qu'à la richesse qui possède au-delà de ce qu'elle consomme, qu'à la force, qui en cédant une part du pouvoir, ne craint point que son lot lui soit enlevé.

Quoi qu'il arrive, l'autorité demeure ou revient en égale mesure, ou plutôt dans la mesure proportionnée aux nécessités de la société, dans une mesure d'autant plus large, en raison des progrès de l'anarchie, en conséquence des révolutions successives.

Ainsi, la question infiniment simplifiée, loin de s'établir entre tel ou tel degré d'autorité publique et de liberté privée, se limite au choix de tel ou tel dépositaire du pouvoir.

La question n'a point trait aux choses ; elle est tout en vue des hommes.

Au fait, il n'y a en conflit, en débat, que la légitimité d'une part, et de l'autre, que l'envie, la vengeance, l'ambition.

Disons mieux, il n'y a que la folie, que la démence, que l'insanité.

Il faut être juste, le parti n'entend pas renverser, au moins d'emblée, le trône de vingt générations.

Le parti se fait fort, au contraire, dès lors que la couronne sera placée sous sa garde, de la protéger contre toute atteinte, et même de l'élever en gloire, en puissance, d'autant plus qu'elle se tiendra soumise à sa loi.

Et, dans la pensée, c'est fort sagement combiné, puisque sous l'enseigne fantastique de la royauté, le pouvoir serait exercé à son bon plaisir.

Dans la pratique, c'est seulement impossible.

On ne voit donc pas que, si la couronne cédait une fois, elle n'aurait plus qu'à céder sans cesse et sans relâche ; que si elle se rendait aux assaillans du jour, elle devrait se rendre aussi à ceux du lendemain, du surlendemain, toujours égaux en droits, de plus en plus supérieurs en force.

En sorte, qu'il faudrait élire entre l'alternative ou de quitter les fauteuils, presqu'au moment d'y prendre siège, ou pour y tenir, de transporter la couronne sur une autre tête.

On ne voit donc pas, qu'aussitôt que la couronne se serait abaissée, avilie ainsi, tout s'évanouit autour d'elle, et le prestige des siècles de gloire, et l'ascendant du noble caractère, et la magie des douces vertus, et le charme des éminens bienfaits.

De telle façon que, même sans les attaques de l'ancien ennemi, et même malgré le dévouement des nouveaux défenseurs, perdant l'à-plomb et fléchissant sous son poids, la couronne s'ébranle et tremble, et tombe.

Ce n'est plus le Roi et le pays : c'est le parti même, qu'il faut sauver, ou de la ruine ou du crime.

Le pouvoir est à plaindre plutôt qu'à craindre, est à soutenir, à enhardir, plutôt qu'à ébranler, à effrayer.

Tel est le Français, que l'amour de la liberté ne lui parle pas, qu'il ne répond qu'à la haine de l'autorité. On ne l'entraîne à la liberté qu'en l'excitant contre l'autorité; et d'autant qu'il est besoin d'exalter la fougue, la furie, d'autant le poison est versé à plus forte dose.

Ainsi le temps arrive, est arrivé peut-être, où, pour le pouvoir existant, il y a peu de chances de se rétablir; où, pour le pouvoir remplaçant, il n'y a plus de chances de s'établir.

Folles gens! Ils travaillent à miner l'autorité légitime, à dissoudre le ciment de l'ordre social; et c'est dans la vue, dans l'espoir de fonder sur ses ruines leur autorité, de relever, de raffermir l'édifice avec des liens de fer.

Cependant l'autorité est une, est identique : il intéresse peu d'où part le commandement; rien ne touche que de se soustraire à l'obéissance.

Encore l'autorité en exercice se laisse transférer à l'usurpateur qui l'enlève d'un coup de main; mais avant qu'une conspiration de longue haleine ait réussi à s'emparer du siège suprême, l'autorité avilie, abattue par tant de manœuvres, a cessé d'exister.

Sottes gens! Ils entendent un jour venant, faire de l'oligarchie, peut-être de la monarchie, enfin quelque gouvernement de sorte ou d'autre; car avant tout, après tout, il leur faut régner.

Et ces armes, ces outils, dont ils dirigent encore le coup sont façonnés à l'usage, sont appliqués à l'œuvre par la licence, par l'anarchie.

(8)

Vaines gens ! Ils s'imaginent au creux de leur cerveau, que cette foule, cette cohue qui se tient à leur suite, sera toute heureuse et toute aise, au terme du triomphe, de se donner pour maîtres, quelques aspirans de tribune, quelques revenans de l'empire.

Tandis qu'au contraire, une jeunesse dogmatiquement libérale, une peuplade radicalement immorale ne s'engage ou n'est engagée sous leurs drapeaux, que pour vaincre à son compte, et ne serrent de si près les chefs, que pour leur passer sur le corps.

Qu'on se rappelle donc de 1790, 91, 92, 93, 94, etc., etc.; car dans la bande, où est le Buonaparte.

Disons mieux; ces années seraient laissées bien loin en arrière; le 19ᵉ siècle effacerait le 18ᵉ siècle.

Or, comment concevoir la démence, l'insanité à un tel point.

Se jouer de l'impôt, juste ciel ! Et prêter à un corps constitué le droit, le pouvoir de l'abolir ! lui prêter la pensée, la volonté de l'abolir.

C'est-à-dire, supposer que la chambre veuille et puisse et doive mettre l'Etat à mort : car c'en serait fait, sauf que le roi légitime se résignât à subir la loi usurpatrice.

Le roi, disent-ils, est tenu à céder : le roi se rend responsable, condamnable, s'il ose résister.

Oui, vraiment : à peu près comme un homme serait tenu à se retirer, à s'enfuir de ses foyers, à l'ordre de quelque misérable qui, mettant en joue et posant le doigt sur la détente, lui crierait : va-t'en, ou je te tue.

Se jouer de l'impôt, juste ciel ! et provoquer les peuples à s'insurger au préalable, à s'associer sous la foi du serment, à l'effet de ne plus subvenir aux besoins de l'Etat : tantôt dans une certaine chance qu'on se réserve de produire à propos, tantôt dans certains cas, dont chacun reste juge à son idée.

Certes, chose pareille ne s'était jamais vue : car il ne s'agit point d'un nouvel impôt arbitrairement établi , auquel les parlemens , les Etats avaient le droit et l'usage de s'opposer, auquel tout citoyen ou sujet est autorisé à se refuser, à l'exemple du trop fameux Hampden.

Le débat est tout autre : l'anathême se voit prononcé contre les impôts perçus de tout temps et passés en forme de lois, contre l'impôt même en son sens général , en sa fin essentielle.

Mais c'est commettre un forfait, un crime de lèse-patrie au premier chef : c'est compromettre au plus haut degré , la société, et dans l'ordre moral, en troublant le jugement, en corrompant les sentimens, et, dans l'ordre politique, en dissolvant tous les rapports, en anéantissant toutes les garanties.

Enfin, la royauté ne va pas s'évanouir ainsi qu'un léger songe. La royauté, comme à l'exemple de la divinité descendue sur la terre et revêtue des formes humaines , aura son agonie, et longue, terrible, épouvantable : car si le triomphe ne doit pas la couronner, la charge lui est imposée, de donner une mémorable, une tutélaire leçon.

Or, voyez la justice, voyez l'armée , ces puissances de l'ordre moral et de l'ordre matériel, qui sont organisées en corps, auxquels le devoir dicte leur règle, qui sont composées d'individus sur lesquels l'intérêt exerce son influence.

Leur devoir, leur intérêt se confondent : en qualité de corps, la honte, la ruine les attendent; au titre d'individus, l'intrigue et le crime les supplanteront.

Aussi la justice, l'armée, dont l'existence en dérive , se rallient à la couronne, d'autant qu'elle est menacée; et certaines de périr après elle, elles n'hésitent point à périr avec elle.

Rien de mieux, en cas de victoire; car ces auxiliaires, revêtus d'une toute autre force, désormais ne laisseront ouverture à nuls périls.

Rien de pire en cas de défaite : car ces agens nécessaires. de l'ordre social, domptés par la violence, décimés par la défiance, manqueront à l'Etat, ainsi abandonné à tous les hasards.

Qu'on essaie donc, sur les décombres de l'antique gouvernement, de relever une justice, sauf que ce soit la justice révolutionnaire, de réformer une armée, sauf que ce soit l'armée prétorienne.

Encore on sera parvenu à l'impossible : mais de quoi, avec quoi, soutenir en son rang, la justice, et sustenter l'armée, en ses nécessités ?

Insensés qui prétendent construire un édifice politique dans le genre grandiose, avec ces matériaux brisés et réduits en poussière, avec ce ciment ramolli et tourné en boue !

A l'appel obligé des besoins, la réponse sera donnée par le manque absolu de moyens : à l'état de souffrance des services, le remède sera apporté par l'acte du refus des subsides.

Car ne voilà-t-il pas qu'au nom du droit, qu'au nom même du devoir, avec un accent d'énergumène, ils prêchent et professent, qu'en tel cas quelque peu louche, il est légitime et légal de s'abstenir de tout paiement d'impôt, de tout versement de la bourse privée en la bourse commune.

Eh mais ! c'est une leçon fort douce à accueillir par les égoïstes instincts, très bonne à rétorquer contre les appétits spoliateurs.

D'abord la routine s'oppose; puis l'exemple entraîne; enfin le lucre ravit.

C'est dommage : peut être le merveilleux procédé n'aura pas réussi à temps, et seulement il sera mis en vigueur, au détriment des inventeurs.

Point de subsides au trône des siècles, disent les conspirateurs : point de subsides au sceptre d'hier, diront les contribuables.

Point de subsides, pour peu que la royauté soit accusée par-devant la haute cour du journalisme, de méditer quelque complot attentatoire aux institutions octroyées par sa grace, s'écrient les révolutionnaires.

Point de subsides, dès lors que l'anarchie, ou le républicanisme, ou l'impérialisme, seront pris en flagrant délit, et dûment convaincus d'avoir abattu et aboli cette royauté, qui entrait ou plutôt demeurait en prééminence, dans ces mêmes institutions, s'écrieront d'abord les royalistes, puis les libéraux.

Allez donc, nos amis, allez chercher au creux de vos cervelles, quelques argumens propres à refuter, à réprimer ce mouvement unanime.

Et prenez soin que les argumens doivent être de sorte logique ou sophistique, si mieux vous aimez : car pour des argumens de sorte réelle et matérielle, à Dieu ne plaise que la justice, que l'armée, l'une et l'autre désorganisées, démoralisées, viennent vous en fournir !

La question est celle-ci :
Est-ce la révolution, est-ce la contre-révolution, qui, en ces temps, présente le plus de chances ?

Qu'on commence par méditer les paroles prononcées par un homme d'Etat en 1820.

« Cette puissance de faire une révolution, à qui peut-elle appartenir aujourd'hui ? Interrogez vos consciences, et demandez-vous où gît en France le pouvoir des révolutions. »

Et qu'on voie, qu'on écoute, qu'on lise.

La tribune, la presse, n'ont plus de secrets : signe terrible ! car la confiance fait la force, et la franchise dit la force.

Les crises violentes n'ont plus lieu : présage décisif ! car l'invasion du mal excite les crises, et les crises cessent alors que le mal a pénétré jusqu'à la dernière fibre.

Maintenant, qu'on observe les chefs, tantôt audacieux et tantôt rusés, toujours forts de talent, de crédit.

Qu'on examine la bande des sectaires, enflés d'envie et dévorés de haine, privés du sens moral et intellectuel , surtout ne doutant de rien.

C'est assez d'un bord : il n'y a moyen de nier les chances périlleuses, progressivement périlleuses.

De l'autre, qu'y a-t-il? Calculez le nombre ; appréciez le génie; jugez le caractère. Le compte est court, est clair.

Quelques gens qui n'ont rien à perdre, en fait de fortune, ni de renommée, ni de jugement : voilà pour les guerriers.

Des insultes et des injures, des thèses et des sophismes, des sorties et des bravades : voilà pour les armes.

Mais l'autorité le souffre; sans doute : la loi lui lie les mains.

Et l'argent manque pour faire taire ceux-ci; l'argent échouerait à faire taire ceux-là.

Ici, on est tenu, et dans l'attaque, et dans la défense, à remonter jusqu'au prince en personne; car enfin la charte n'est pas de sorte à être escamotée.

Or, à l'effet de l'abolir en due forme, deux conditions sont requises : le vouloir, le pouvoir.

Et, pour vouloir, il est trop roi, si on peut parler ainsi : roi religieux, roi chevalier, roi français! sous ces titres, la déloyauté est incompatible.

Pour pouvoir, il n'est pas assez roi, s'il est permis de le dire : pas roi de la force militaire et judiciaire, pas roi de l'opinion publique; du moins jusqu'à cette fin de retirer ses sermens, de reprendre ses bienfaits.

Il n'est pas assez roi : qu'on en juge à l'audace des attaques, à la licence des outrages, à l'insolence des soupçons mêmes.

Demandez plutôt à ces êtres d'espèce nouvelle, si lâches sous la verge de l'empire, si traîtres sous le sceptre de la monarchie, comment leur ci-devant maître eût accueilli de tels scandales.

On accorde tout. Le cabinet a rédigé l'ordonnance de réformation, au bas de laquelle est apposée, non pas la signature (à Dieu ne plaise), la griffe seulement du roi.

Qu'arrive-t-il? le frémissement seul de l'opinion l'atteint sur l'heure, le met en fuite, le frappe à mort.

Voilà pour la contre-révolution.

En serait-il de même pour la révolution?

En fait du vouloir, quel sot irait se confier à ces trafiquans de sermens, à ces débitans de parjures à juste prix?

En fait du pouvoir, quel fou pourrait douter de la force irrésistible de ces masses, dont l'impulsion ne rencontre un point d'arrêt qu'au fond de l'abîme.

Affreuse époque sans doute, où la société serait dissoute, n'ayant plus que dans les chances du hasard, quelque espoir de se rétablir.

Epoque propice néanmoins; où la justice s'accomplirait, se servant du bras des misérables mis en furie, pour exercer sa vindicte, sur les fauteurs de la conspiration.

Il faut rougir d'avoir à dire de telles choses, qu'annonce le simple bon sens, qu'atteste l'expérience récente.

Les insensés! tout allait au gré de leurs vœux : sans peines, sans risques, leurs fins devaient être bientôt atteintes.

Les faiblesses de cœur trop naturelles à un père, à un roi; les erreurs d'esprit, familières à tout ministère, travaillaient à leur bénéfice;

Sans parler de ce penchant inné de l'homme pour tout ce qui a le nom de liberté, d'égalité; et de cette tendance in-

hérente au siècle pour tout ce qui a l'apparence de la nou-
veauté , le signe de l'étrangeté.

Quelle marche impétueuse, précipitée !

Voyez les caractères en grand nombre, se dégrader progressivement, du point extrême de l'attachement, du dévouement, jusqu'au plus bas de l'échelle.

Voyez l'opinion délaisser le culte qu'elle chérissait et relever les autels qu'elle avait brisés.

Voyez le vertige prendre les bienfaits en haine et sou-
mettre l'honneur aux soupçons , bafouer la fidélité et exalter la perfidie.

A la lettre, c'était encore le gouvernement du roi; mais
l'esprit n'existait plus.

Attaquée et minée de toutes parts , la forme même mena-
çait de s'évanouir.

Et nul autre mode de gouvernement ne promettait de s'é-
tablir en sa place : car la licence appelée à détruire le pouvoir existant, ne manquait pas d'entraîner dans sa chute, le
principe même de l'autorité.

Rendons grace aux insensés : ils nous ont sauvés; ils se sont
sauvés, sans le vouloir.

Le temps pressait : même on a pu craindre que l'époque
opportune ne passât; que le terme fatal n'arrivât à l'insu.

Enfin, ils vont apprendre ce que c'est qu'un roi.

En osant s'afficher, la menace commande l'indignation.

Le péril donne la leçon, donne la force de le surmonter :
d'autant qu'il est extrême, imminent, la puissance s'élève,
la résistance s'obstine.

Plus le péril est grand , plus le salut est certain.

Le roi a parlé : et déja la trahison tremble, l'erreur se
repent.

Que le roi dise un mot encore : et l'une rentre sous terre,
l'autre tombe à ses pieds.

Mais le roi agira.

Ici, son autorité est déléguée : peut-être des fautes seront commises; peut-être des risques nouveaux surgiront.

Il suffira que le roi intervienne.

Insensés, en tout cas, il n'y a point de chances pour vous!

Dès lors que vous ne faites plus de peur, vous ne faites plus de mal.

Vous n'avez qu'une force d'emprunt, que la force du pouvoir, quand elle est mise à votre service.

Supposez : le pouvoir n'existe plus, et sa force vous est ainsi enlevée.

Or, qu'allez-vous inventer? qu'allez-vous devenir? Même en rêve, il y a de quoi vous glacer d'effroi.

Dans votre impuissance, vous ne saurez que vous venger les uns des autres, que punir vos crimes par vos crimes.

Le mot est court :

Il n'y a point de France, s'il n'y a pas de roi.

La pensée conçoit encore le roi sans la France, n'aperçoit plus la France sans le roi.

Que le roi s'exile, que le roi sommeille : à son retour, à son réveil, une attraction irrésistible rallie autour de lui, tous les élémens épars.

On peut l'insulter s'il y consent, et s'insurger s'il le permet, et l'expulser s'il s'y prête, et l'assassiner s'il se livre.

Sitôt que cela ne lui convient plus, il redevient maître.

Insensés, craignez surtout vos succès.

Qui sait si la royauté enfin perdant patience ne serait pas tentée de ressaisir l'ancien sceptre?

Certes, les peuples las de tant de crises, honteux d'un tel joug, inquiets de l'avenir, n'y mettraient nul obstacle.

Discours de M. Royer-Collard (17 mai 1820).

L'orateur ne se dissimule pas qu'une faction ne puisse entrer par les élections dans le gouvernement, et par une majorité factieuse, aristocratique ou démocratique (car où il y en a une, il y en a plus d'une), dominer la chambre, *suspendre le ministère* et attirer le pouvoir exécutif dans ses mains...

« Qu'elle vienne cette faction à laquelle nos libertés doivent être immolées; que les portes de la chambre s'ouvrent pour elle, qu'elle remplisse cette enceinte; et, tandis qu'elle agitera sa turbulence, qu'ici, à cette tribune, un ministère digne du roi et de la France l'accuse en face, *son imposture sera confondue...*

« Que, s'il en est besoin, ce ministère donne au monarque le noble conseil de se fier à ses peuples et de les prendre à témoins, entre lui et *les ennemis déclarés de sa couronne;* la France; n'en doutez pas, la généreuse France entendra cet appel, et elle saura y répondre. Non, la France ne veut pas que le roi rende son épée, ni qu'il soit prisonnier des factions, *quelles qu'elles soient.* (*Extrait de l'Annuaire historique de 1820.*) »

A. PIHAN DELAFOREST,

Imprimeur de Monsieur le Dauphin, de la Cour de Cassation, de l'Association Paternelle des Chevaliers de St.-Louis, etc., rue des Noyers, n° 37.